C
Imm

Biografía para estudiantes y estudiosos a partir de 13 años

Índice de contenidos

Introducción

Confucio es uno de los filósofos más influyentes de la historia. Fue un pensador, político y filósofo social chino. Y, ¿quieres saber más sobre Immanuel Kant?

Este libro describe la vida de Confucio y permite acceder a algunas de sus enseñanzas y escritos.

Immanuel Kant fue un filósofo alemán considerado uno de los pensadores más importantes de la Europa moderna. Defendió que los seres humanos son libres y racionales, y que la moralidad consiste en actuar según la razón. Su obra tuvo un profundo impacto en la filosofía, la religión, la psicología, la política y la economía.

Si quiere saber más sobre estos increíbles hombres que dieron forma a gran parte de nuestro mundo actual, lea este libro. La información que contiene no tiene precio.

Consiga hoy mismo la Biografía para estudiantes y becarios de 13 años en adelante.

Confucio

Confucio, romanización Pinyin Kongfuzi o Kongzi, Wade-Giles K'ung-fu-tzu o K'ung-tzu, nombre original Kongqiu, nombre literario Zhongni, (nacido en 551, Qufu, estado de Lu [ahora en la provincia de Shandong, China] -muerto en 479 a.C., Lu), el más famoso maestro, filósofo y teórico político de China, cuyas ideas han influido profundamente en las civilizaciones de China y otros países de Asia oriental.

La vida de Confucio

Confucio nació cerca del final de la era conocida en la historia china como el Período de Primavera y Otoño (770-481 a.C.). Su hogar estaba en Lu, un estado regional del este de China en lo que hoy es la provincia central y sudoccidental de Shandong.

Al igual que otros estados regionales de la época, Lu estaba vinculado a la corte imperial de la dinastía Zhou (1045-221 a.C.) a través de la historia, la cultura, los lazos familiares (que se remontaban a la fundación de la dinastía, cuando los parientes de los gobernantes Zhou se enfundaban como jefes de los estados regionales) y las obligaciones morales.

Según algunos informes, los primeros antepasados de Confucio fueron los Kong del estado de Song, una familia aristocrática que produjo varios consejeros eminentes para los gobernantes Song. Sin embargo, a mediados del siglo VII a.C., la familia había perdido su posición política y la mayor parte de su riqueza, y algunos de los Kong -entre ellos el bisabuelo de Confucio- se habían trasladado al estado de Lu.

Los kongs de Lu eran caballeros comunes (shi) sin los derechos hereditarios que sus antepasados habían disfrutado en Song. Los caballeros comunes de finales de la dinastía Zhou podían presumir de su capacidad de empleo en el ejército o en cualquier puesto administrativo -porque habían sido educados en las seis artes del ritual, la música, la arquería, la cuadriga, la escritura y la aritmética-, pero en la jerarquía social de la época sólo estaban un peldaño por encima del pueblo llano.

El padre de Confucio, Shu-liang He, había sido un guerrero y sirvió como administrador de distrito en Lu, pero ya era un anciano cuando nació Confucio. Un matrimonio anterior le había dado nueve hijas y un hijo varón, por lo que con Confucio tuvo por fin un heredero sano. Pero Shu-liang He murió poco después del nacimiento de Confucio, dejando a su joven viuda a su cargo.

Confucio fue sincero sobre su origen familiar. Decía que, por ser "pobre y de baja condición", no podía entrar en el servicio gubernamental con la misma facilidad que los jóvenes de familias prominentes, por lo que tuvo que volverse "hábil en muchas cosas serviles" (Analectas [Lunyu], 9:6).

Confucio encontró primero empleo en el clan Jisun, una familia hereditaria cuyos principales miembros habían servido durante muchas décadas como consejeros principales de los gobernantes de Lu. Una serie de puestos modestos con los Jisun -como guardián de los graneros y el ganado y como oficial de distrito en el dominio feudal de la familia- le llevaron a nombramientos más importantes en el gobierno de Lu, primero como ministro de obras y luego como ministro del crimen.

Los registros de la época sugieren que, como ministro del crimen, Confucio era eficaz en el manejo de los problemas de la ley y el orden, pero era aún más impresionante en las tareas diplomáticas. Siempre se aseguraba de que el gobernante y su misión estuvieran bien preparados para lo inesperado y para las situaciones que pudieran ponerles en peligro; también sabía cómo aconsejarles para llevar a buen puerto una negociación difícil.

Sin embargo, Confucio sólo ocupó su cargo durante unos pocos años. Su dimisión fue el resultado de una prolongada lucha con las familias hereditarias, que durante generaciones habían intentado arrebatar el poder a los legítimos gobernantes de Lu.

Confucio consideraba transgresoras las acciones de las familias y objetables sus indiscreciones rituales, y estaba dispuesto a luchar por las buenas o por las malas para que se restaurara el poder del gobernante. En el año 498 a.C. se produjo un gran enfrentamiento. Un plan para conducir a las familias hacia la auto-ruina fracasó. Los jefes de las familias sospecharon de Confucio, por lo que no tuvo más remedio que abandonar su posición y su hogar.

El autoexilio llevó a Confucio a realizar un largo viaje: primero a Wei, el estado situado al oeste de Lu, luego hacia el sur, al estado de Song, y finalmente a los estados de Chen y Cai. El viaje duró 14 años, y Confucio pasó gran parte de ese tiempo buscando gobernantes que estuvieran dispuestos a aceptar su influencia y guiarse por su visión de un gobierno virtuoso.

Aunque la búsqueda de Confucio fue finalmente en vano, nunca se dio por vencido, porque estaba deseoso de que alguien "me pusiera en práctica" (Analectas, 17:5). Dijo a quienes consideraban sospechosas sus ambiciones: "¿Cómo puedo ser como una calabaza amarga que cuelga del extremo de una cuerda y no se puede comer?". (Analectas, 17:7).

Confucio se animó a pensar que podía arreglar las cosas en el mundo, porque nació en una época en la que tales aspiraciones estaban al alcance de los hombres que vivían en circunstancias similares a las suyas. A mediados del siglo VI a.C., la dinastía Zhou se acercaba a sus 500 años.

El marco político que los fundadores de la dinastía habían puesto en marcha -un sistema de enfeudamiento sostenido por los lazos familiares- seguía en pie, pero las juntas habían ido cediendo desde el comienzo del Período de Primavera y Otoño, por lo que la estructura, si no se apuntalaba, corría el riesgo de derrumbarse.

Los gobernantes regionales, que eran parientes del rey Zhou, deberían haber sido sus más firmes defensores, pero prefirieron perseguir sus propias ambiciones. En el siglo anterior al nacimiento de Confucio, dos o tres de ellos se limitaron a actuar en nombre del rey, y bajo su vigilancia el imperio consiguió mantenerse unido y mantener a raya a los enemigos.

Sin embargo, en la época de Confucio, tales líderes habían desaparecido. Ninguno de los gobernantes regionales estaba interesado en la seguridad del imperio o en la idea del bien común. Las mezquinas disputas por beneficios mezquinos consumían la mayor parte de su tiempo, mientras que el letargo ocupaba el resto. Lo mismo podía decirse de los miembros de la clase aristocrática, que antes habían ayudado a su gobernante en el gobierno.

Ahora estaban ganando la partida, y algunos eran tan descarados como para competir abiertamente con su gobernante por la riqueza y las mujeres. Sin embargo, su apatía e ineptitud permitieron que los caballeros comunes -hombres como Confucio, que en su día habían estado a su servicio- intervinieran y se hicieran cargo de las funciones administrativas del gobierno.

Los caballeros comunes, en este punto, todavía no podían desplazar a los aristócratas como la élite de la sociedad. Sin embargo, si trabajaban lo suficiente y eran inteligentes, podían ejercer influencia en la mayoría de las contiendas políticas. Pero los más perspicaces de entre ellos fijaban sus objetivos más alto.

Vieron la oportunidad de introducir algunas ideas nuevas sobre el valor (xian) y la nobleza (shang), que, en su opinión, podrían desafiar los supuestos que se habían utilizado para justificar la jerarquía social existente.

Se preguntaban si la capacidad y la fuerza de carácter debían ser la medida de la valía de una persona y si los hombres de rango noble debían ser despojados de sus títulos y privilegios por incompetencia e indiscreción moral. Los que planteaban estas cuestiones no buscaban simplemente competir en el mundo político. Querían cambiar las reglas tácitas para favorecer a los virtuosos y a los competentes.

Esto, en parte, explica lo que Confucio intentaba enseñar. Creía que la determinación moral de unos pocos podía tener un efecto beneficioso en el destino de la mayoría. Pero la integridad por sí sola, en su opinión, no sería suficiente. Los buenos hombres debían probarse en la política: debían dotarse de conocimientos y habilidades, servir bien a sus gobernantes y demostrar su valía a través de su influencia moral.

El hombre al que Confucio acudió en busca de inspiración y orientación fue Zhougong (el duque de Zhou), hermano del fundador de la dinastía Zhou y regente del joven hijo del rey, Chengwang. A pesar de la distancia temporal entre ellos, Confucio creía que él y el duque de Zhou querían lo mismo para la dinastía: armonía social y estabilidad política basadas en la confianza y las obligaciones morales mutuas, con un recurso mínimo a las normas legales.

Pero el duque de Zhou era de la realeza y Confucio era un burócrata profesional, lo que significaba que tenía una autoridad política limitada. E incluso la autoridad que poseía era transitoria, dependiendo de si tenía un puesto en el gobierno. Sin un cargo oficial, Confucio tampoco tendría derecho (por ejemplo) a organizar un banquete, a asistir a un gobernante en un sacrificio o a participar en cualquiera de las ocasiones que eran los componentes vivos del orden político que el duque de Zhou había previsto y que Confucio respaldaba firmemente.

Así, Confucio se angustiaba cuando se quedaba sin trabajo, preocupado por no ser útil al mundo y por no tener apoyo material. Los hombres que le conocieron en sus viajes se preguntaban si su afán por ocupar un puesto político le había llevado a exagerar y si había comprometido sus principios al permitir que hombres y mujeres de mala reputación actuaran como sus intermediarios. Entre sus críticos se encuentran los tres o cuatro discípulos que le acompañaron en su exilio.

Los discípulos de Confucio eran considerablemente más jóvenes que él. No los reclutó activamente cuando era consejero en Lu. No fundó ninguna escuela o academia. Jóvenes de muy diversa procedencia -hijos de aristócratas, hijos de caballeros comunes, comerciantes, agricultores, artesanos e incluso delincuentes e hijos de delincuentes- decidieron unirse a él para aprender de él habilidades que les permitieran iniciar el camino hacia una carrera oficial.

En el proceso, adquirieron mucho más: en particular, el refinamiento de un caballero y la agudeza moral, que en la mente de Confucio eran esenciales para una profesión política. Confucio era el "maestro" (zi) de estos seguidores, que se llamaban a sí mismos sus "discípulos" o "aprendices" (tu). Entre sus primeros discípulos destacan tres: Zigong, Zilu y Yan Hui.

Zigong había sido comerciante antes de convertirse en discípulo de Confucio. Era elocuente, astuto y rápido de reflejos. Confucio observó en él la determinación de mejorar su suerte y la promesa de convertirse en un buen diplomático o gestor financiero. Disfrutaba de la compañía de Zigong porque era alguien con quien podía compartir sus pensamientos sobre el mundo y la gente que conocían y sobre la poesía y las prácticas rituales (Analectas, 11:3; 1:15; 11:19; 5:9).

Zilu, a diferencia de Zigong, era áspero y sin oficio, un hombre rústico. Confucio sabía que Zilu haría cualquier cosa para protegerlo de cualquier daño: "luchar contra un tigre con sus propias manos" o "seguirlo en alta mar en una balsa de bambú".

Sin embargo, Confucio consideraba que ser simplemente valiente y leal no era "la manera de ser bueno", ya que, sin la ventaja del pensamiento y el amor por el aprendizaje, la gente no sería capaz de saber si su juicio había sido equivocado o si sus acciones podrían llevarles a ellos y a otros a un camino peligroso, si no a un final violento (Analectas, 5:7; 7:11).

Aun así, Confucio aceptó a Zilu, ya que era alguien "que no se avergonzaba de estar al lado de un hombre vestido con pieles de zorro o tejón mientras él mismo vestía una bata andrajosa acolchada con hilo de seda" y que era tan fiable que "hablando desde un solo lado de una disputa" en un tribunal podía "llevar una disputa legal a una conclusión" (Analectas, 9:27; 12:12).

Además, Confucio no negaba la instrucción a nadie que quisiera aprender y no estaba dispuesto a rendirse cuando intentaba resolver un problema difícil. A cambio, no esperaba más que un paquete de carne seca como regalo (Analectas, 7:7).

Sin embargo, incluso esa modesta oferta estaba probablemente por encima de las posibilidades de otro discípulo, Yan Hui, que procedía de una familia pobre y que se conformaba con "vivir en un barrio de mala muerte con un puñado de mijo y un cucharón de agua" (Analectas, 6:11).

Ninguna dificultad o privación podría haber distraído a Confucio de su amor por el aprendizaje y su deseo de conocer el bien. Yan Hui era el favorito de Confucio, y, cuando murió antes de tiempo, Confucio se sintió tan afligido que otros discípulos se preguntaron si tal muestra de emoción era apropiada. A esto, su maestro respondió:

"Si no es por este hombre, ¿por quién debería mostrar tanto dolor?". (Analectas, 11:9; 11:10).

Fueron estos tres -Zigong, Zilu y Yan Hui- quienes siguieron a Confucio en su largo viaje hacia lo desconocido. Al hacerlo, dejaron atrás no sólo sus hogares y familias, sino también oportunidades profesionales en Lu que podrían haber sido lucrativas.

Su primera parada fue el estado de Wei. Zilu tenía parientes allí que podrían haber presentado a Confucio al gobernante del estado. También había otros -hombres poderosos al servicio del gobernante- que conocían la reputación de Confucio y estaban dispuestos a ayudarlo. Pero ninguna de estas conexiones le dio a Confucio un trabajo. Parte del problema era el propio Confucio: no estaba dispuesto a seguir ninguna vía que le obligara a relacionarse con quienes podían traerle problemas en lugar de ayuda.

Además, el gobernante de Wei no estaba interesado en encontrar un hombre capaz que pudiera ofrecerle consejo. Además, tenía muchas distracciones -conflictos con los estados vecinos y en casa, en Wei- para ocupar su tiempo.

Aun así, Confucio fue paciente y esperó cuatro años antes de que se le concediera una audiencia. Pero el encuentro fue decepcionante: sólo confirmó lo que Confucio ya sabía sobre el carácter y el juicio de este hombre. Poco después de su encuentro, el gobernante murió, y Confucio no vio ninguna razón más para permanecer en Wei. Así, se dirigió al sur con sus discípulos.

Antes de llegar al estado de Chen, su siguiente parada, dos incidentes en el camino estuvieron a punto de acabar con su vida. En uno de ellos, un oficial militar, Huan Tui, trató de emboscar a Confucio cuando pasaba por el estado de Song. En otro, fue rodeado por una turba en la ciudad de Kuang, y durante un tiempo pareció que podría ser asesinado.

Estos incidentes no fueron espontáneos, sino que fueron maquinaciones de los enemigos de Confucio. Pero, ¿quién lo quería muerto y qué pudo hacer para provocar tales reacciones? Los historiadores de épocas posteriores especularon sobre las causas y resoluciones de estas crisis. Aunque nunca encontraron una explicación adecuada para la acción de Huan Tui, algunos sugirieron que la turba de Kuang confundió a Confucio con otra persona.

En cualquier caso, las Analectas, la fuente más fiable sobre la vida de Confucio, sólo recogen lo que Confucio dijo en aquellos momentos en los que se dio cuenta de que la muerte podía ser inminente. "El cielo me ha dado este poder, esta virtud. Qué puede hacerme Huan Tui!" fue su respuesta tras conocer el plan de Huan Tui para emboscarle (Analectas, 7:23).

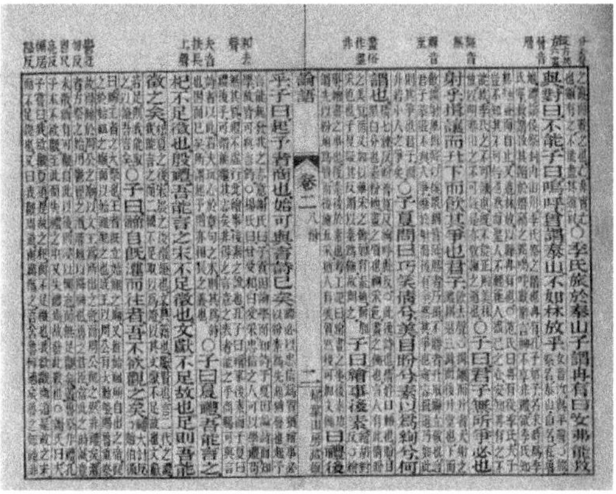

Las Analectas

Las palabras de Confucio en el asedio de Kuang transmitían una confianza aún mayor en que el Cielo estaría a su lado. Dijo que, muerto el fundador de la dinastía Zhou, los vestigios culturales de ésta "están invertidos en mí". Y como "el Cielo no ha destruido esta cultura" ni tiene intención de hacerlo, cuidará de los herederos culturales de los Zhou. Así, Confucio declamó: "¿Qué puede hacerme la gente de Kuang?". (Analectas, 9:5).

Envalentonado por su propósito, Confucio continuó su viaje hacia Chen, donde pasó tres años sin incidentes. Finalmente, una gran guerra entre Chen y un estado vecino le llevó a viajar al oeste, hacia el estado de Chu, sin saber que le esperaba otro tipo de prueba. Esta vez, "las provisiones se agotaron" y "sus seguidores se debilitaron tanto que ninguno de ellos pudo levantarse sobre sus pies" (Analectas 15:2).

El breve relato de este registro llevó a los escritores de siglos posteriores a especular sobre cómo podría haberse comportado Confucio en esta situación. ¿Estaba tranquilo o enfadado? ¿Cómo habló con sus discípulos? ¿Cómo les ayudó a aceptar su situación? ¿Y qué discípulo le comprendió mejor y le ofreció consuelo? Ninguno de estos relatos puede pretender la veracidad, pero, en conjunto, humanizan a los personajes implicados y llenan, aunque sólo sea imaginariamente, las lagunas de las fuentes históricas.

Confucio y sus compañeros sólo llegaron hasta una ciudad fronteriza de Chu antes de decidir dar la vuelta y volver sobre sus pasos, primero a Chen y luego a Wei. El viaje duró más de tres años y, tras llegar a Wei, Confucio permaneció allí otros dos años. Mientras tanto, dos de sus discípulos, Zigong y Ran Qiu, decidieron dejar a Confucio en Wei y aceptar un empleo en el gobierno de Lu.

De inmediato, Zigong demostró su talento en la diplomacia, y Ran Qiu hizo lo mismo en la guerra. Probablemente fueron estos dos hombres los que se dirigieron al gobernante y al consejero principal de Lu, pidiéndoles que hicieran una generosa oferta a Confucio para atraerlo de vuelta.

Su plan funcionó. El Zuozhuan ("Comentario de Zuo"), una fuente temprana sobre la historia de este período, señala que, en el undécimo año del reinado del duque Ai de Lu (484 a.C.), llegó una citación del duque junto con el regalo de una cuantiosa suma. "En ese momento, Confucio regresó a su casa".

Tras su regreso, Confucio no buscó ningún puesto en el gobierno de Lu. No tenía por qué hacerlo. El actual gobernante y sus consejeros lo consideraban el "anciano del estado" (guolao). Se dirigían a él directamente para pedirle consejo o utilizaban a sus discípulos como intermediarios. El número de sus discípulos se multiplicó.

El éxito de Zigong y Ran Qiu debió aumentar su reputación como persona que podía preparar a los jóvenes para la carrera política. Pero los que se sintieron atraídos por él por esta razón, a menudo se interesaron por cuestiones distintas a la de cómo avanzar en el mundo (Analectas, 2:18).

Algunos preguntaron sobre la idea de virtud, sobre los requisitos morales para servir en el gobierno o sobre el significado de frases como "percepción aguda" y "juicio nublado" (Analectas, 12:6; 12:10).

Otros querían saber cómo perseguir el conocimiento y cómo leer textos abstrusos para obtener conocimientos (Analectas, 3:8). Confucio intentaba responder a estas preguntas lo mejor que podía, pero sus respuestas podían variar según el temperamento del interlocutor, lo que provocaba confusión entre sus alumnos cuando intentaban comparar sus notas (Analectas, 11:22). Esta forma de instruir estaba totalmente en sintonía con lo que Confucio creía que era el papel de un maestro.

Un maestro sólo puede "señalar una esquina de un cuadrado", decía; a los alumnos les corresponde "volver con las otras tres" (Analectas, 7:8). Enseñar, por tanto, es "impartir luz" (hui): orientar a los alumnos e incitarles a seguir adelante, para que, incluso cuando estén cansados y desanimados, incluso cuando quieran abandonar, no puedan hacerlo. En una línea similar,

Confucio dijo de sí mismo: "Soy el tipo de hombre que se olvida de comer cuando intenta resolver un problema, que está tan alegre que se olvida de sus preocupaciones y no se da cuenta de la llegada de la vejez" (Analectas, 7:19).

Cuando llegó la vejez, Confucio descubrió que el hecho de mantener su conducta y su juicio en la justa medida ya no le agobiaba. "A los 70 años", dijo, "seguí lo que mi corazón deseaba sin sobrepasar la línea" (Analectas, 2:4). Esto, sin embargo, no significaba que Confucio estuviera libre de preocupaciones. Los historiadores y los filósofos de los siglos posteriores suelen describir a un Confucio desanimado en sus últimos días.

Sin embargo, Confucio seguía alegrándose de la vida porque ésta le asombraba, y la voluntad de todos los seres vivos de seguir adelante a pesar de los reveses y las aflicciones le inspiraba. El pino y el ciprés eran los que más admiraba Confucio, porque "son los últimos en perder sus agujas" (Analectas, 9:28). Murió a la edad de 73 años, el undécimo día del cuarto mes lunar del año 479 a.C.

Las fuentes sobre Confucio

Las fuentes sobre la vida de Confucio son escasas. Los anales oficiales y otras fuentes históricas de finales del Período de Primavera y Otoño rara vez mencionan su nombre porque no desempeñó un papel destacado en el mundo político. De hecho, apenas existió en ese mundo, ya que la mayor parte de su vida la pasó preparándose para esa carrera o en el exilio.

Sin embargo, las lagunas en los registros históricos acabaron siendo beneficiosas, ya que impulsaron a los estudiosos posteriores a buscar cualquier rastro de evidencia que pudiera revelar algo nuevo sobre él.

Desgraciadamente, estas búsquedas a menudo conducen a conjeturas imaginativas sobre Confucio, como en el relato de un escritor del siglo III a.C. en el que Confucio se describe a sí mismo como un chi amarillo (dragón sin hogar) que nada en el agua turbia pero bebe de la clara.

Confucio, en la mente de este escritor, podría haber elegido vivir como un verdadero dragón y no salir nunca de su piscina prístina, pero prefirió ser un chi. A lo largo de la historia china primitiva, hubo muchos escritores de este tipo, y la fuente a la que recurrieron repetidamente para obtener comprensión e inspiración fueron las Analectas.

Las Analectas son la obra más asociada a Confucio. Se trata de un registro de su vida en fragmentos, recogidos en 20 secciones. Las secciones contienen descripciones de su carácter, comportamiento y momentos de su vida en el exilio o en su casa de Lu; fragmentos de conversaciones que mantuvo con sus discípulos y otras personas que conoció; y observaciones pronunciadas con su voz pero a menudo sin contexto. Sin la ayuda de los comentarios, esta obra -que también carece de organización aparente- puede resultar engañosa o desalentadora para algunos lectores.

Sin embargo, con paciencia y atención, es posible extraer de las piezas reunidas destellos del genio de Confucio y elementos de su humanidad. Las Analectas probablemente tomaron forma en el primer siglo después de la muerte de Confucio.

Un puñado de discípulos más jóvenes -que aparecen con bastante fuerza al principio y al final de la obra- podría haber iniciado el proyecto, pero se necesitaron otros 200-300 años de retoques -en los que se omitieron algunos pasajes y se añadieron o modificaron otros- antes de que el texto adquiriera su forma actual.

Las pruebas materiales de la antigüedad del texto estándar surgieron del suelo en 1973, cuando los arqueólogos abrieron la tumba del príncipe de Zhongshan (Liu Xiu, también conocido como rey Huai), pariente del emperador Han Wudi.

La tumba, datada en el año 55 a.C., fue descubierta en la provincia de Hebei, a unos 160 kilómetros al sur de Pekín. Las Analectas, escritas en tiras de bambú, se incluyeron entre los objetos funerarios que acompañaron al príncipe a su otra vida.

Una segunda obra que es fundamental para el estudio de Confucio y su pensamiento es el Zuo Zhuan ("Comentario Zuo"). Aunque se trata de un comentario sobre el Chunqiu, los anales oficiales del estado de Lu que abarcan el periodo de primavera y otoño, no se limita a proporcionar los antecedentes y la estructura narrativa de los acontecimientos enumerados cronológicamente en los anales.

Es probable que el escritor Zuo tuviera a su disposición una amplia gama de registros de escribas, los más importantes de los cuales eran discursos de gobernantes y consejeros y de hombres y mujeres que habían desempeñado un papel en el destino político de sus familias y sus estados durante la última dinastía Zhou.

Los mejores discursos reflejan el carácter de los oradores y las prácticas culturales que guiaban sus decisiones morales. También arrojan luz sobre la ascendencia intelectual de Confucio y las raíces de su pensamiento moral. Confucio nunca profesó ser un pensador original. Decía: "Transmito pero no innovo. Amo la antigüedad y tengo fe en ella" (Analectas, 7:1).

El Zuo Zhuan ofrece una visión de la China de los 200 años anteriores al nacimiento de Confucio, que no era la antigüedad que éste tenía en mente. Pero cuando se lee junto con los primeros clásicos sobre ritos, poesía e historia, puede llevarnos al conocimiento que Confucio pretendía transmitir.

La tercera fuente es una larga biografía de Confucio escrita en el siglo I antes de Cristo. El autor, Sima Qian, es el historiador más distinguido de China, y la biografía sigue siendo el estándar en la historiografía china. Aunque los estudiosos posteriores no consideraron creíbles todos sus relatos y vieron problemas logísticos en su relato de los viajes de Confucio, estuvieron dispuestos a pasar por alto tales cuestiones debido al raro talento de Sima Qian para mejorar los registros con imaginación y reconstruir la vida interior de sus súbditos.

En su biografía de Confucio, Sima Qian trató de trabajar sobre todo con las Analectas, agrupando los discursos individuales para darles coherencia y ampliando los episodios aislados añadiendo más personajes y acción.

La biografía no era del todo elegante ni persuasiva, pero fue el primer intento de hilvanar en una narración continua los fragmentos de las Analectas y las historias sobre Confucio que habían circulado a través de las obras de historiadores y filósofos en los 300 años transcurridos desde su muerte.

Las enseñanzas de Confucio

Confucio pensaba que los ritos, o el ritual (li) -que abarcan y expresan la conducta humana adecuada en todas las esferas de la vida- podían estabilizar a un hombre y afianzar un gobierno y que su práctica debía comenzar en el hogar. "No des a tus padres más motivo de preocupación que tu enfermedad", dijo. "Cuando tus padres estén vivos, no viajes a lugares lejanos, y si tienes que viajar, debes decirles exactamente a dónde vas" (Analectas, 2:6, 4:19).

¿Pero qué pasa si tus padres están pensando en hacer algo malo? "Sé amable cuando trates de disuadirlos de hacer algo malo", aconsejaba Confucio. "Si ves que se inclinan a no prestar atención a tus consejos, mantén la reverencia (jing). No los desafíes abiertamente. No te resientas aunque te agoten y te pongan nervioso" (Analectas, 4:18).

Toda relación humana es un acto de equilibrio, y la que se establece entre el niño y sus padres es la más exigente y, a la vez, la que merece más atención y paciencia, porque está arraigada en el amor y en los primeros recuerdos de calidez y afecto del niño. Confucio no quería que los niños fuesen aquiescentes en las situaciones que exigen su juicio.

Al mismo tiempo, desaconsejaba la confrontación incluso cuando los padres son culpables. Le preocupaba que los padres pudieran perder el sentido de la proporción y el afecto de sus hijos hacia ellos, por lo que instaba al niño a "permanecer reverente" aunque los padres no se sintieran inclinados a escuchar los consejos del niño. Los ritos, por tanto, permiten al niño evitar un enfrentamiento sin tener que traicionar los principios. Pero a menos que el niño "actúe de acuerdo con el espíritu de los ritos, al ser respetuoso, se cansará; al ser precavido, se volverá tímido" (Analectas, 8:2).

A los ojos de sus contemporáneos, Confucio era alguien que encarnaba ese espíritu. Observaron que "en la corte, cuando hablaba con los consejeros de rango inferior, se mostraba relajado y afable. Cuando hablaba con los consejeros de mayor rango, era franco pero respetuoso. Y en presencia del gobernante, aunque estaba lleno de reverencia y temor, se mostraba perfectamente sereno" (Analectas,10:2).

El espíritu de los ritos es lo inefable y, por tanto, diferente de las reglas prescritas. Espera a la persona con conocimiento y conciencia y habilidades en el comportamiento para ponerlo en marcha, ya que cada ocasión es diferente. Las circunstancias cambian, y cambian incluso mientras se desarrolla la ocasión. Así, cuando Confucio se encontraba en el templo del duque de Zhou, "hacía preguntas sobre todo"; conocía los procedimientos del sacrificio, pero aun así se acercaba a los ritos como si los realizara por primera vez. "Hacer preguntas", dijo, "es la práctica correcta de los ritos" (Analectas, 3:15).

La educación en las Odas, la más antigua colección de poesía china, complementa la educación en los ritos. Las Odas "pueden dar al espíritu exhortación, a la mente ojos más agudos", decía Confucio. "Pueden hacer que nos adaptemos mejor en un grupo y que seamos más elocuentes al expresar una queja" (Analectas, 17:9). Le dijo a su hijo: "Si no aprendes las Odas, no podrás hablar" (Analectas, 16:13).

Al igual que el legendario sabio Shun (hacia el siglo XXIII a.C.) dijo al director de música que enseñara poesía a los niños -que dejara que los poemas se convirtieran en su voz- para que "los rectos sigan siendo gentiles, los magnánimos sigan siendo dignos", también Confucio esperaba que las Odas se convirtieran en el discurso de su hijo, porque tales expresiones son siempre apropiadas y así "nunca se desviarán del camino" (Analectas, 2:2). Para él, un poema de amor de las Odas, llamado Guanju ("Halcón de pescado"), es el que mejor ilustra este punto.

El poema le dice al lector que, al anhelar a la mujer que deseaba, el cortejador no sufrió indebidamente y, al cortejar a su dama, no hizo una exhibición vulgar de sus sentimientos. El poema dice: "Con arpas le hacemos compañía" y "con campanas y tambores la deleitamos". Del tono y el sentimiento de este poema, Confucio dijo: "Hay alegría pero no hay pensamientos inmodestos, tristeza pero no hay autolesión" (Analectas, 3:20).

La música que más le gustaba a Confucio era la antigua conocida como shao. Cuando la escuchó por primera vez, dijo: "Nunca imaginé que la música pudiera ser tan bella", y "durante los tres meses siguientes no notó el sabor de la carne" (Analectas, 7:14). La música del shao está asociada a la historia de cómo Shun ascendió al poder tras la decisión del emperador Yao (c. siglo XXIV a.C.), predecesor de Shun, de abdicar en favor de un hombre que creció en la naturaleza pero cuyo amor por la virtud era como el torrente de un torrente.

Según el Shujing, una recopilación de documentos relacionados con la historia temprana de China, cuando se tocaba la música en la corte del emperador Shun, no sólo los hombres, sino también los dioses y los espíritus, los pájaros y las bestias eran atraídos por ella. Tal era el poder de la música que encarnaba el tenor y el vehículo de un gobierno moral.

Mientras que Confucio consideraba la música como la culminación de la cultura -de notas "brillantes y distintas" que se reúnen en fluidez y armonía-, el filósofo confuciano Mencio (c. 371-c. 289 a.C.) llevó la idea en otra dirección, viéndola como un tropo de los logros de Confucio (Analectas, 3:23).

En la obra más estrechamente asociada a él (el Mencio), Mencio decía que sólo Confucio podía avanzar o retroceder, servir o no servir "según las circunstancias" y en el momento oportuno, y, como una sinfonía perfectamente conjuntada, "desde el tañido de las campanas al principio hasta el sonido de los tubos de jade al final", había un orden interno (Mencio, 5B:1).

El orden que se encuentra en la música de shao o en la conducta de una persona sugiere el bien supremo, pero no es una idea abstracta, ya que produce una atracción emocional, una gravitación hacia la música o la persona que la posee. Tiene una especie de magia porque refleja una rectitud en el sonido o en la deliberación humana. Y esta rectitud de expresión o de intención sirve a un ideal superior, que Confucio llamó humanidad (ren).

Cuando su discípulo Zigong le preguntó qué es la humanidad, Confucio respondió: "No impongas a los demás lo que no quieres que [los demás te impongan]" (Analectas, 15:24). Un hombre humano es alguien capaz de "hacer analogías a partir de lo que tiene a mano" (Analectas, 6:30). Utiliza este conocimiento para imaginar la humanidad en los demás, y se apoya en su aprendizaje de los ritos y la música para mantenerse en la justa medida.

A menudo se le preguntaba a Confucio si alguien era humano, y en su respuesta siempre daba una cuidadosa valoración de los puntos fuertes de la persona. Confucio decía, por ejemplo, que el hombre "se esforzaba al máximo" en el cumplimiento de su deber público, "tenía talentos administrativos" o "no quería que nada le manchara", pero tal virtud, añadía, no implicaba que el hombre fuera humano (Analectas, 5:8; 5:19). De hecho, Confucio afirmaba que nunca había conocido a nadie que fuera verdaderamente humano.

Sin embargo, esto no significaba que la humanidad estuviera fuera de su alcance. "Tan pronto como deseo la humanidad, está aquí", dijo, y todos los que había conocido tenían la fuerza suficiente "para dedicar todo su esfuerzo a la práctica de la humanidad" (Analectas, 7:30; 4:6). La humanidad "es hermosa (mei)", y la mayoría de las personas se sienten atraídas por ella, aunque, según observó Confucio, son pocos los que deciden perseguirla (Analectas, 4:1; 4:6).

Esa resistencia sugiere una noción rica y más compleja de la naturaleza humana, sin la cual la moral no podría entrar en juego. Y, como dijo su discípulo Zengzi (505-436 a.C.), sólo los fuertes y decididos están en juego para la búsqueda, porque "el camino es largo" y "sólo termina con la muerte". (Analectas, 8:7).

Zengzi (derecha) arrodillado ante Confucio (centro)

Confucio dotó a sus enseñanzas sobre la humanidad de una dimensión política, aunque parecían destinadas al yo. Confucio observó que el emperador Shun era capaz de ordenar el mundo simplemente perfeccionando su propia humanidad y cultivando un comportamiento respetuoso. "Si das ejemplo corrigiendo tus errores, ¿quién no se atreve a corregir los suyos?", preguntó al consejero Jikangzi. "Sólo hay que desear el bien y la gente será buena.

El carácter de los de arriba es como el del viento. El carácter de los de abajo es como el de la hierba. Cuando el viento sopla sobre la hierba, ésta se dobla con seguridad" (Analectas, 12:17; 12:19). Pero cuando se le preguntó qué debía ser lo primero en la administración de un Estado, dijo "la confianza" (xin). Si las palabras y los actos de un gobernante no inspiran confianza, afirma Confucio, su gobierno perecerá con toda seguridad, aunque garantice suficiente comida para alimentar al pueblo y armas adecuadas para defenderlo (Analectas, 12:7). Confucio pensaba que el sistema clásico de enfeudamiento de los inicios de la dinastía Zhou se acercaba mucho a un gobierno ideal porque se basaba en la confianza entre el emperador Zhou en el oeste y los parientes que enviaba al este con autoridad para crear nuevas colonias para el joven imperio.

Un gobierno así, reforzado con los poderes civilizadores de los ritos y la música, no necesita complejas leyes y edictos para mantener al pueblo bajo control. Confucio dijo: "Si guías al pueblo con ordenanzas y estatutos y lo mantienes a raya con [amenazas de] castigos, tratará de mantenerse alejado de los problemas, pero no tendrá sentido de la vergüenza. Si los guías con virtudes ejemplares y los mantienes a raya con la práctica de los ritos, tendrán sentido de la vergüenza y sabrán reformarse" (Analectas, 2:3).

En la época de Confucio, pocas personas sabían cómo reformarse a sí mismas, y casi no había nadie entre sus gobernantes a quien admirar. Pero Confucio seguía confiando en consejeros profesionales como él, que, siguiendo la tradición de los grandes consejeros del pasado, eran capaces de engrandecer a los gobernantes con su trabajo duro, su discernimiento y sus hábiles métodos de persuasión moral.

El desarrollo posterior de las doctrinas confucianas

Los siguientes 250 años de la historia china, conocidos como el Período de los Estados Combatientes, estuvieron aún más cargados de tensión e incertidumbre que el que había conocido Confucio. El éxito de un gobernante en esta época se medía por el tamaño y el número de sus conquistas, logradas mediante operaciones militares y maniobras políticas.

Los medios para alcanzar el poder también se volvieron más violentos y sofisticados. En consecuencia, los seguidores de Confucio se aferraron a ciertos aspectos de sus enseñanzas con más fuerza o se dieron cuenta de la necesidad de adaptar lo que había dicho a la realidad política de su tiempo. Mencio pertenecía al primer grupo y Xunzi (c. 300-230 a.C.) al segundo. Xunzi, que siguió a Mencio durante aproximadamente un siglo, criticó duramente a su predecesor.

En su principal obra, ahora llamada Xunzi, acusó a Mencio de engañar a "los eruditos de la época vulgar", haciéndoles creer que las doctrinas "aberrantes" y "esotéricas" de Mencio son las "verdaderas palabras" de Confucio (Xunzi, capítulo 6, "Contra doce filósofos").

Los confucianos posteriores, que hicieron mucho hincapié en las diferencias entre los dos filósofos, señalaron sus teorías sobre la naturaleza humana como la fuente de su desacuerdo. Pero la fijación en ese tema tendía a ocultar sus diferencias más importantes respecto a temas como la educación y el autoconocimiento, los sentimientos y el intelecto, la ley y la adjudicación, y los riesgos morales de una profesión política.

Tanto Mencio como Xunzi abordaron el tema del juicio moral -la más difícil de las responsabilidades humanas en opinión de Confucio- y lo exploraron con mayor precisión y urgencia que Confucio. Sobre la cuestión de cuál de las facultades humanas debe desempeñar el papel decisivo, Mencio optó por el corazón, mientras que Xunzi se inclinó por la mente.

Mencio creía que "toda persona tiene un corazón sensible a los sufrimientos de los demás"; por eso, decía, la visión de un niño pequeño a punto de caer en un pozo horrorizaría a cualquiera que pudiera ser testigo y afligiría a esa persona con dolor (Mencio, 2A:6).

El horror -y el dolor- es una respuesta irreflexiva del corazón, que Mencio presentó como prueba de que todos los humanos nacen con impulsos buenos. Las personas que carecen del sentimiento de conmiseración sólo pueden culparse a sí mismas; deben haber dejado de lado su naturaleza innata, observó Mencio, y han dejado sus corazones moralmente estériles (Mencio, 6A:8).

La teoría de Mencio sobre la naturaleza humana es audaz. Afirmó que la había obtenido de Confucio, aunque en las Analectas se sabe que a Confucio no le gustaba hablar de la naturaleza humana (Analectas, 5:13). Sin embargo, teniendo en cuenta lo que Confucio dijo sobre el aprendizaje - "Siendo humano y, sin embargo, carente de humanidad-, ¿qué puede hacer un hombre así con los ritos?" o "con la música" -debe haber tenido alguna noción de la naturaleza humana, que probablemente haya sido positiva (Analectas, 3:3).

Por su parte, Mencio quiso ir mucho más allá, utilizando su teoría de la naturaleza humana como base de toda una filosofía moral. Así, especuló sobre las formas de ampliar el potencial del corazón y sobre cómo se vería afectado el mundo en general si se cumpliera ese potencial.

Utilizando una figura legendaria para ilustrar los puntos clave de la enseñanza de Confucio, Mencio relató cómo el emperador Shun fue capaz de salir de la más oscura de las historias familiares (padre insensible, madrastra cruel y hermanastro intrigante) para convertirse en un ser perfeccionado. De hecho, según Mencio, en ningún momento -ni siquiera cuando su familia conspiraba contra su vida- Shun se mostró resentido o irrespetuoso con sus padres (Mencio, 5A:1, 2, 3). Fue una historia conmovedora, pero no del todo creíble, de la fuerza obtenida a través del autoexamen.

Confucio habría reconocido la historia de Mencio como una expresión de lo que había enseñado sobre la filialidad, pero no habría ido tan lejos como Mencio al hacer de Shun el modelo supremo de filialidad y al sugerir que esa virtud era todo lo que un gobernante necesitaría "para dar facilidad a su pueblo" (Mencio, 5A.5). De hecho, Confucio dijo que incluso Shun, un gobernante supremamente cultivado, encontró tal tarea "difícil de hacer" (Analectas, 6.30).

Aunque el pensamiento político de Mencio podría parecer hoy algo simplista, tenía un respetable número de seguidores entre los jóvenes; también se ganaba bien la vida como consejero político, y su servicio era a menudo solicitado. A los gobernantes de su época no les importaba escuchar sus protestas porque, a pesar de su voz reprobatoria, siempre incluía un mensaje positivo sobre su potencial moral.

Les decía que, independientemente del tipo de transgresiones que hubieran cometido en el pasado, siempre podrían recuperar su potencial para hacer el bien si se aplicaban. Mencio era optimista sobre la condición humana y estaba dispuesto a renunciar a la historia y a pasar por alto las incoherencias de sus enseñanzas con tal de perseguir su visión (Mencio, 7B:3).

Xunzi, en cambio, siempre buscó la claridad, la claridad de pensamiento y de palabras y una visión clara de la realidad. No se propuso desafiar a Mencio y no pretendía ser polémico cuando dijo que la naturaleza humana es repelente. Simplemente quería dar una versión incómoda y más veraz de cómo es el ser humano para que se moviera más rápidamente en el camino de la reforma.

Para ello, Xunzi escribió sobre los deseos -cómo gestionarlos antes de que se vuelvan obsesivamente incontrolables (Xunzi, capítulo 21, "Disipar las obsesiones"); sobre el poder -cómo utilizarlo de forma eficaz y adecuada cuando se tiene-; y sobre la diferencia entre la fuerza bruta y la autoridad de un verdadero rey (Xunzi, capítulo 11, "Reyes y señores protectores").

Xunzi viajó mucho al extranjero y participó activamente en los círculos políticos, trabajando con varios jefes de estado y siendo testigo de sus horribles actos y mala conducta. De hecho, el capítulo más violento de la historia del último período de los Estados Combatientes ocurrió en el estado ancestral de Xunzi, Zhao, en el año 260 a.C., cuando Xunzi se encontraba allí.

En esta ocasión, miles de soldados de Zhao fueron enterrados vivos por el ejército de la dinastía Qin después de haberse rendido. Tal vez por lo que había visto y experimentado, a Xunzi le gustaba utilizar imágenes sorprendentes y analogías impactantes en sus escritos para sacudir a los hombres de su tiempo de su lasitud mental y su ociosidad moral.

A uno de ellos, un primer ministro del estado de Qi que aspiraba a seguir a los grandes reyes del pasado pero que aún no había dado el primer paso, Xunzi le dijo: "Para ti [albergar tales ambiciones] es análogo a tumbarse de bruces e intentar lamer el cielo o a intentar rescatar a un hombre que se ha ahorcado tirando de sus pies" (Xunzi, capítulo 16, "Sobre el fortalecimiento del Estado").

Junto con sus advertencias, Xunzi ofrecía orientación y ejemplos de la historia más lejana, utilizando al duque de Zhou y a su padre, Wenwang, entre otros, como modelos de conducta y carácter. Del duque de Zhou, Xunzi dijo que había nacido en el poder y sabía cómo utilizarlo y, aunque sus acciones pudieran parecer irregulares, la gente confiaba en él como en las cuatro estaciones: tal era la integridad de este hombre (Xunzi, capítulo 8: "Enseñanzas del Ru").

Confucio también admiraba al duque de Zhou por su visión política y por haber hecho pasar a la joven dinastía por una época peligrosa. Y creía que contar con la confianza del pueblo era lo primero que debía hacer un gobernante, porque sin ella el gobierno no podía mantenerse en pie. En este sentido, Confucio fue el precursor de Xunzi.

Confucio también destacaba la importancia de mantener cierta distancia emocional en los asuntos que requieren un juicio, pero Xunzi hacía más hincapié en el potencial de la mente. Llegó a decir que una mente equilibrada y perspicaz podía ofrecer una medida más precisa del bien y del mal y que la perspicuidad de la mente, y no la agitación del corazón, debía ser la brújula moral de una persona. Esta era la diferencia esencial entre Xunzi y Mencio.

Muchos confucianos posteriores se pusieron del lado de Mencio, y los gobernantes tendieron a aceptar sus enseñanzas, como hicieron en vida de Mencio, porque su voz era menos gravosa para su conciencia (los gobernantes también sabían que podían torcer sus palabras para adaptarlas a sus costumbres).

Los confucianos de la dinastía Song (960-1279) difundieron las ideas mencianas en los siglos XI y XII. Pensadores como Cheng Yi (1033-1107) y Zhu Xi (1130-1200), en su intento de crear una nueva filosofía confuciana para hacer frente a los retos de la metafísica y las prácticas meditativas budistas, encontraron un apoyo preliminar en los conceptos de Mencio sobre la naturaleza humana y el autocultivo. Los Mencios también ganaron importancia en sus academias.

Los sucesores de Cheng Yi y Zhu Xi en la posterior dinastía Yuan (1206-1368) irían más allá al incluir el Mencio en los exámenes del gobierno, estrechando aún más su relación con el Estado.

Mientras tanto, Xunzi fue apartado. Los confucianos de las dinastías Song y Ming (1368-1644) lo rechazaron porque sus escritos sobre la naturaleza humana amenazaban con socavar su creencia de que el logro del autoconocimiento es el cumplimiento de la promesa innata de la humanidad.

Aunque hubo un mayor interés por Xunzi en la posterior dinastía Qing (1644-1911/12), cuando los eruditos tenían en alta estima su alcance intelectual y sus escritos sobre el aprendizaje y la política, Xunzi no suplantó a Mencio en el orden de sus afectos.

Sin embargo, desde el reciente descubrimiento de textos con tiras de bambú que datan del Período de los Estados Combatientes, Xunzi ha ganado más atención por parte de los estudiosos. De hecho, varios de estos textos excavados parecen coincidir con los escritos de Xunzi tanto en estilo como en contenido.

Esto sugiere que Confucio probablemente tuvo una mayor variedad de herederos en la China primitiva de lo que los estudiosos han imaginado, muchos más de los que los confucianos Song hubieran querido creer. El propio Confucio se habría alegrado de esta revelación. Habría preferido una historia más rica y desordenada de su legado que una sola línea de transmisión.

La erudición contemporánea sobre el pensamiento confuciano

En 1993, tras el descubrimiento de las Analectas de la tira de bambú, se descubrieron en la provincia de Hebei otros dos grupos de manuscritos, sobre el cultivo de la moral y el pensamiento político, lo que provocó un renacimiento de la erudición sobre el pensamiento confuciano.

Los manuscritos, también escritos en tiras de bambú, fueron datados en el año 300 a.C. o antes, durante el periodo de los Estados en Guerra, antes de la unificación de China. Un lote de textos fue desenterrado por arqueólogos, y el otro fue sacado por ladrones de una tumba desconocida, llevado de contrabando a Hong Kong, y luego vendido al Museo de Shanghai mediante un acuerdo orquestado por anticuarios.

Confucio aparece, a menudo con un interlocutor, en ocho de los textos publicados de la colección del Museo de Shanghai. Dado que la mayoría de los textos están incompletos -con tiras perdidas o dañadas- es difícil establecer cuánto aportan al conocimiento y la idea que tienen los estudiosos de Confucio.

Aun así, las pruebas materiales lo sitúan firmemente en la historia de los Estados Guerreros. Ya sea en una conversación con un discípulo o con un consejero sobre la sequía en Lu o la causa del malestar social, se trataba de un Confucio animado por la palabra y que seguía tratando de pensar en los problemas más confusos de la condición humana.

Los primeros materiales asociados a Confucio siguieron apareciendo a principios del siglo XXI. En 2011, una excavación de una tumba de la dinastía Han en las afueras del norte de la ciudad de Nanchang, en la provincia de Jiangxi, descubrió un texto de bambú de las Analectas, un espejo cubierto con imágenes pintadas de Confucio y dos de sus discípulos, todos identificados por sus nombres y breves citas de las Analectas, y la biografía de Sima Qian sobre Confucio.

La tumba pertenecía a Liu He, nieto del gobernante Han Wudi. Liu He fue nombrado emperador en el 74 a.C. a la edad de 18 años, pero fue destronado a los 27 días - víctima de la lucha política de la época- y enviado de vuelta a su hogar ancestral como plebeyo. El gobernante que le sucedió rehabilitó a Liu He, concediéndole un título, el de marqués Haihun, y un gran feudo pocos años antes de la muerte de Liu He en el 59 a.C. a la edad de 33 años.

Muchos montones de cerámica y piedras preciosas, pasteles de oro y utensilios de oro, e instrumentos de bronce y adornos de jade acompañaron al marqués Haihun a su tumba, pero también lo hicieron la imagen y las palabras de Confucio, lo que sugiere que incluso en la muerte este joven noble eligió mantenerse cerca de lo que había sido su brújula moral en vida.

Immanuel Kant

Immanuel Kant (nacido el 22 de abril de 1724 en Königsberg, Prusia [actualmente Kaliningrado, Rusia] y fallecido el 12 de febrero de 1804 en Königsberg), filósofo alemán cuya obra exhaustiva y sistemática sobre epistemología (teoría del conocimiento), ética y estética influyó enormemente en toda la filosofía posterior, especialmente en las diversas escuelas del kantianismo y el idealismo.

Immanuel Kant fue uno de los principales pensadores de la Ilustración y posiblemente uno de los más grandes filósofos de todos los tiempos. En él se subsumieron las nuevas tendencias que se habían iniciado con el racionalismo (que hace hincapié en la razón) de René

Descartes y el empirismo (que hace hincapié en la experiencia) de Francis Bacon. Inauguró así una nueva era en el desarrollo del pensamiento filosófico.

Los primeros años de vida de Immanuel Kant

Immanuel Kant vivió toda su vida en la remota provincia donde nació. Su padre, un guarnicionero, era, según Kant, descendiente de un inmigrante escocés, aunque los estudiosos no han encontrado ninguna base para esta afirmación; su madre destacaba por su carácter y su inteligencia natural.

La casa de Kant en Königsberg

Ambos padres eran devotos seguidores de la rama pietista de la iglesia luterana, que enseñaba que la religión pertenece a la vida interior expresada en la sencillez y la obediencia a la ley moral. La influencia de su pastor hizo posible que Kant -el cuarto de nueve hijos, pero el mayor que sobrevivió- recibiera una educación.

A los ocho años, Kant ingresó en la escuela pietista que dirigía su párroco. Se trataba de una escuela de latín, y es de suponer que durante los ocho años y medio que estuvo allí, Kant adquirió su amor de por vida por los clásicos latinos, especialmente por el poeta naturalista Lucrecio. En 1740 se matriculó en la Universidad de Königsberg como estudiante de teología.

Pero, aunque Immanuel Kant asistió a cursos de teología e incluso predicó en algunas ocasiones, se sintió atraído principalmente por las matemáticas y la física.

Ayudado por un joven profesor que había estudiado a Christian Wolff, un sistematizador de la filosofía racionalista, y que también era un entusiasta de la ciencia de Sir Isaac Newton, Immanuel Kant comenzó a leer la obra del físico inglés y, en 1744, comenzó su primer libro, "GEDANKEN VON DER WAHREN SCHÄTZUNG DER LEBENDIGEN KRÄFTE" (1746; PENSAMIENTOS SOBRE LA VERDADERA ESTIMACIÓN DE LAS FUERZAS VIVAS), que trataba un problema relativo a las fuerzas cinéticas.

Aunque por aquel entonces Immanuel Kant había decidido seguir una carrera académica, la muerte de su padre en 1746 y su fracaso a la hora de obtener el puesto de subtutor en una de las escuelas adscritas a la universidad le obligaron a retirarse y buscar un medio de subsistencia.

Immanuel Kant encontró empleo como tutor familiar y, durante los nueve años que le dedicó, trabajó para tres familias diferentes. Con ellas se introdujo en la influyente sociedad de la ciudad, adquirió gracia social y realizó sus viajes más lejanos de su ciudad natal, a unas 60 millas (96 km) de distancia, a la ciudad de Arnsdorf.

En 1755, ayudado por la amabilidad de un amigo, pudo completar su carrera en la universidad y ocupar el puesto de *Privatdozent*, o profesor.

Tres disertaciones que presentó al obtener este puesto indican el interés y la dirección de su pensamiento en esta época. En una de ellas, *Meditationum Quarundam de Igne Succincta Delineation* (1755; "Breve esbozo de algunas meditaciones sobre el fuego"), sostenía que los cuerpos operan unos sobre otros a través del medio de una materia elástica y sutil uniformemente difundida que es la sustancia subyacente tanto del calor como de la luz.

La primera enseñanza de Immanuel Kant fue la de las matemáticas y la física, y nunca perdió su interés por los avances científicos. La publicación, en los años siguientes, de varias obras científicas sobre las diferentes razas humanas, la naturaleza de los vientos, las causas de los terremotos y la teoría general de los cielos, demuestran que se trataba de algo más que de un interés amateur.

En esta última obra, *Allgemeine Naturgeschichte und Theorie des Himmels* (1755; *Historia natural universal y teoría de los cielos*), Kant propuso una teoría nebular de la formación del sistema solar, según la cual el Sol y los planetas se condensaron a partir de una única nube gaseosa. Esta teoría, propuesta por Laplace en 1796, se conoce como la hipótesis Kant-Laplace.

En esta época, la física newtoniana era importante para Kant tanto por sus implicaciones filosóficas como por su contenido científico. Una segunda disertación,

METAPHYSICAE CUM GEOMETRIA IUNCTAE USUS IN PHILOSOPHIA NATURALI, CUIUS SPECIMEN I. CONTINET MONADOLOGIAM PHYSICAM (1756; EL EMPLEO EN LA FILOSOFÍA NATURAL DE LA METAFÍSICA COMBINADA CON LA GEOMETRÍA, DE LA QUE LA MUESTRA I CONTIENE LA MONADOLOGÍA FÍSICA) -también conocida como MONODOLOGIA PHYSICA-, CONTRASTÓ los métodos de pensamiento newtonianos con los empleados en la filosofía que entonces prevalecía en las universidades alemanas.

Se trata de la filosofía de Gottfried Wilhelm Leibniz, un erudito universal, sistematizada y popularizada por Wolff y por Alexander Gottlieb Baumgarten, autor de un texto muy difundido, la METAFÍSICA (1739).

Kant con amigos como Christian Jakob Kraus, Johann Georg Hamann, Theodor Gottlieb von Hippel y Karl Gottfried Hagen

Las obras de Leibniz, tal y como se conocen ahora, no estaban totalmente al alcance de estos escritores, y la filosofía leibniziana que presentaban era extravagantemente racionalista, abstracta y cortante. No obstante, siguió siendo una fuerza poderosa, y los principales esfuerzos de los pensadores independientes de Alemania de la época se dedicaron a examinar las ideas de Leibniz.

En una tercera disertación, PRINCIPIORUM PRIMORUM COGNITIONIS METAPHYSICAE NOVA DILUCIDATO (1755; "Nueva elucidación de los primeros principios de la cognición metafísica"), Kant analizó especialmente el principio de razón suficiente, que en la formulación de Wolff afirma que para todo hay una razón suficiente por la que debe ser y no ser. Aunque crítico, Kant fue cauto y estuvo muy lejos de cuestionar los supuestos de la metafísica leibniziana.

Durante los 15 años que pasó como PRIVATDOZENT, el renombre de Kant como profesor y escritor aumentó constantemente. Pronto dio conferencias sobre muchos temas, además de la física y las matemáticas, como la lógica, la metafísica y la filosofía moral.

Immanuel Kant llegó a dar conferencias sobre fuegos artificiales y fortificaciones, y durante 30 años impartió todos los veranos un popular curso de geografía física. Tuvo un gran éxito como conferenciante; su estilo, que difería notablemente del de sus libros, era humorístico y vívido, animado por muchos ejemplos de sus lecturas de literatura inglesa y francesa y de viajes y geografía, ciencia y filosofía.

Aunque fracasó dos veces en su intento de obtener una cátedra en Königsberg, se negó a aceptar las ofertas que le habrían llevado a otros lugares, incluida la cátedra de poesía en Berlín, que le habría dado más prestigio. Prefirió la paz y la tranquilidad de su ciudad natal para desarrollar y madurar su propia filosofía.

Durante la década de 1760, Kant se volvió cada vez más crítico con el leibnizismo. Según uno de sus alumnos, Kant atacaba entonces a Leibniz, Wolff y Baumgarten, era un declarado seguidor de Newton y expresaba una gran admiración por la filosofía moral del filósofo romántico Jean-Jacques Rousseau.

La principal obra de Kant de este periodo fue UNTERSUCHUNG ÜBER DIE DEUTLICHKEIT DER GRUNDSÄTZE DER NATÜRLICHEN THEOLOGIE UND DER MORAL (1764; "Una investigación sobre la distinción de los principios fundamentales de la teología natural y la moral").

En esta obra, Immanuel Kant atacó la pretensión de la filosofía leibniziana de que la filosofía debía tomar como modelo las matemáticas y aspirar a construir una cadena de verdades demostradas basadas en premisas autoevidentes.

Immanuel Kant sostenía que las matemáticas proceden de definiciones que son arbitrarias, por medio de operaciones que están clara y nítidamente definidas, sobre conceptos que pueden ser exhibidos en forma concreta.

En contraste con este método, sostuvo que la filosofía debe comenzar con conceptos que ya están dados, "aunque confusa o insuficientemente determinados", de modo que los filósofos no pueden comenzar con definiciones sin encerrarse en un círculo de palabras. La filosofía no puede, como las matemáticas, proceder sintéticamente; debe analizar y aclarar.

Orden moral

La importancia del orden moral, que Immanuel Kant había aprendido de Rousseau, reforzó la convicción recibida de su estudio de Newton de que una filosofía sintética es vacía y falsa.

Además de atacar los métodos de los leibnizianos, también comenzó a criticar sus ideas principales. En un ensayo, "Versuch, den Begriff der negativen Grössen in die Weltweisheit einzuführen" (1763; "Un intento de introducir el concepto de las cantidades negativas en la filosofía"), Immanuel Kant argumentó que la oposición física, tal y como se encuentra en las cosas, no puede reducirse a la contradicción lógica, en la que el mismo predicado se afirma y se niega a la vez, y, por tanto, que no tiene sentido reducir la causalidad a la relación lógica de antecedente y consecuente.

En un ensayo del mismo año, "Der einzig mögliche Beweisgrund zu einer Demonstration des Daseyns Gottes" ("Indagación sobre las pruebas de la existencia de Dios"), criticó duramente el concepto leibniziano del Ser al acusar que el llamado argumento ontológico, que probaría la existencia de Dios por la sola lógica, es falaz porque confunde los enunciados existenciales con los atributivos: la existencia, declaró, no es un predicado de atribución.

Además, respecto a la naturaleza del espacio, Kant se puso del lado de Newton en su enfrentamiento con Leibniz. Llegó a la conclusión de que el punto de vista de

Leibniz, según el cual el espacio es "un orden de coexistencia" y las diferencias espaciales pueden enunciarse en términos conceptuales, era insostenible.

Se puede recoger algún indicio de una posible alternativa del propio Kant a la posición leibniziana en su curioso TRÄUME EINES GEISTERSEHERS ERLÄUTERT DURCH TRÄUME DER METAPHYSIK (1766; SUEÑOS DE UN VIDENTE DEL ESPÍRITU, ILUSTRADOS POR LOS SUEÑOS DE LA METAFÍSICA).

Esta obra es un examen de toda la noción de un mundo de espíritus, en el contexto de una investigación sobre las afirmaciones espiritistas de Emanuel Swedenborg, científico y biblista.

La posición de Immanuel Kant al principio parece haber sido completamente escéptica, y la influencia del filósofo escéptico escocés David Hume es más evidente aquí que en cualquier otra obra anterior; fue Hume, según afirmó más tarde, quien le despertó por primera vez de su "sueño dogmático".

Sin embargo, Immanuel Kant no estaba argumentando tanto que la noción de un mundo de espíritus es ilusoria como insistiendo en que los humanos no tienen conocimiento de la naturaleza de tal mundo, una conclusión que tiene implicaciones devastadoras para la metafísica tal como la concebían los leibnizianos.

Los metafísicos pueden soñar tanto como los espiritualistas, pero esto no quiere decir que sus sueños sean necesariamente vacíos; ya hay indicios de que la experiencia moral puede dar contenido al ideal de un "mundo inteligible". Rousseau actuó aquí, pues, sobre Kant como una contrainfluencia de Hume.

Finalmente, en 1770, después de ejercer durante 15 años como PRIVATDOZENT, Immanuel Kant fue nombrado para la cátedra de lógica y metafísica, cargo en el que permaneció activo hasta pocos años antes de su muerte. En este periodo -llamado habitualmente su periodo crítico, porque en él escribió sus grandes CRÍTICAS- publicó una asombrosa serie de obras originales sobre una gran variedad de temas, en las que elaboró y expuso su filosofía.

La DISERTACIÓN INAUGURAL de 1770 que pronunció al asumir su nuevo cargo contenía ya muchos de los elementos importantes de su filosofía madura. Como indica su título, DE MUNDI SENSIBILIS ATQUE INTELLIGIBILIS FORMA ET PRINCIPIIS: DISSERTATIO ("Sobre la forma y los principios de los mundos sensible e inteligible"), el dualismo implícito del TRÄUME se hace explícito, y se hace sobre la base de una interpretación totalmente no leibniziana de la distinción entre sentido y entendimiento.

El sentido no es, como suponía Leibniz, una forma confusa de pensamiento, sino una fuente de conocimiento por derecho propio, aunque los objetos así conocidos siguen siendo sólo "apariencias" -término que también utilizó Leibniz-. Son apariencias porque toda percepción está condicionada por la presencia, en la sensibilidad, de las formas de tiempo y espacio, que no son características o marcos objetivos de las cosas, sino "intuiciones puras".

Pero aunque todo el conocimiento de las cosas sensibles sea, pues, de los fenómenos, no se deduce que no se conozca nada de las cosas tal como son en sí mismas. Ciertamente, los seres humanos no tienen ninguna intuición, o visión directa, de un mundo inteligible, pero la presencia en ellos de ciertos "conceptos intelectuales puros" -como los de posibilidad, existencia, necesidad, sustancia y causa- les permite tener algún conocimiento descriptivo de él.

Por medio de estos conceptos pueden llegar a un ejemplar que les proporciona "la medida común de todas las demás cosas en cuanto reales". Este ejemplar les da una idea de perfección tanto para el orden teórico como para el práctico: en el primero, es la del Ser Supremo, Dios; en el segundo, la de la perfección moral.

Después de la DISERTACIÓN, Immanuel Kant no publicó prácticamente nada durante 11 años.

En 1781 se publicó la KRITIK DER REINEN VERNUNFT (deletreada CRÍTICA en la primera edición; CRÍTICA DE LA RAZÓN PURA), a la que siguieron durante los nueve años siguientes grandes y originales obras que en poco tiempo supusieron una revolución en el pensamiento filosófico y establecieron la nueva dirección que iba a seguir en los años siguientes.

La CRÍTICA DE LA RAZÓN PURA fue el resultado de unos diez años de reflexión y meditación. Sin embargo, Immanuel Kant publicó la primera edición sólo a regañadientes, después de muchos aplazamientos; aunque estaba convencido de la verdad de su doctrina, se sentía inseguro y dudoso sobre su exposición. Sus recelos resultaron fundados, y Kant se quejó de que los intérpretes y críticos de la obra la malinterpretaban.

Para corregir estas interpretaciones erróneas de su pensamiento, escribió los PROLEGOMENA ZU EINER JEDEN KÜNFTIGEN METAPHYSIK DIE ALS WISSENSCHAFT WIRD AUFTRETEN KÖNNEN (1783; PROLEGÓMENOS A CUALQUIER METAFÍSICA FUTURA QUE PUEDA PRESENTARSE COMO CIENCIA) y sacó una segunda edición revisada de la primera CRÍTICA en 1787.

La controversia sobre los méritos de las dos ediciones continúa: los lectores que prefieren una interpretación idealista suelen preferir la primera edición, mientras que los que tienen una visión realista se adhieren a la segunda. Pero en lo que se refiere a la dificultad y la facilidad de lectura y comprensión, en general se acepta que hay poco que elegir entre ellas. Cualquiera que abra por primera vez cualquiera de los dos libros lo encuentra abrumadoramente difícil e impenetrablemente oscuro.

La causa de esta dificultad se debe, en parte, a las obras que Immanuel Kant tomó como modelo de escritura filosófica. Fue el primer gran filósofo moderno que dedicó todo su tiempo y esfuerzos como profesor universitario de la materia.

El reglamento exigía que en todas las conferencias se utilizara un determinado conjunto de libros, con el resultado de que toda la enseñanza de la filosofía de Kant se había basado en manuales como los de Wolff y Baumgarten, que abundaban en la jerga técnica, en divisiones artificiales y esquemáticas y en grandes pretensiones de exhaustividad. Siguiendo su ejemplo, Kant proporcionó en consecuencia un andamiaje muy artificial, rígido y de ninguna manera inmediatamente iluminador para sus tres CRÍTICAS.

La CRÍTICA DE LA RAZÓN PURA, tras una introducción, se divide en dos partes de extensión muy diferente: una Doctrina trascendental de los elementos, que alcanza casi 400 páginas en una edición típica, y una Doctrina trascendental del método, que apenas llega a 80 páginas.

Los Elementos tratan de las fuentes del conocimiento humano, mientras que el Método elabora una metodología para el uso de la "razón pura" y sus ideas a priori. Ambos son "trascendentales", ya que se supone que analizan las raíces de todo conocimiento y las condiciones de toda experiencia posible. Los Elementos se dividen, a su vez, en una Estética Trascendental, una Analítica Trascendental y una Dialéctica Trascendental.

La forma más sencilla de describir el contenido de la CRÍTICA es decir que es un tratado sobre metafísica:

pretende mostrar la imposibilidad de un tipo de metafísica y sentar las bases de otra.

La metafísica leibniziana, objeto del ataque de Immanuel Kant, es criticada por suponer que la mente humana puede llegar mediante el pensamiento puro a verdades sobre entidades que, por su propia naturaleza, nunca pueden ser objeto de experiencia, como Dios, la libertad y la inmortalidad. Sin embargo, Immanuel Kant sostenía que la mente no tiene tal poder y que la cacareada metafísica es, por tanto, una farsa.

Para Immanuel Kant, el problema de la metafísica, al igual que el de cualquier ciencia, consiste en explicar cómo, por un lado, sus principios pueden ser necesarios y universales (siendo ésta una condición para cualquier conocimiento que sea científico) y, por otro lado, implicar también un conocimiento de lo real y proporcionar así al investigador la posibilidad de un conocimiento mayor que el que está contenido analíticamente en lo que ya conoce, es decir, que el que está implícito en el único significado.

Para cumplir estas dos condiciones, sostenía Kant, el conocimiento debe apoyarse en juicios que sean a priori, pues sólo en la medida en que están separados de las contingencias de la experiencia pueden ser necesarios y, sin embargo, también sintéticos, es decir, de modo que el término predicado contenga algo más de lo que está analíticamente contenido en el sujeto.

Así, por ejemplo, la proposición de que todos los cuerpos se extienden no es sintética, sino analítica, porque la noción de extensión está contenida en la noción misma de cuerpo, mientras que la proposición de que todos los cuerpos son pesados es sintética porque el peso supone, además de la noción de cuerpo, la de cuerpos en relación con los demás. De ahí que el problema básico, tal como lo formuló Kant, sea determinar "¿Cómo [es decir, bajo qué condiciones] son posibles los juicios sintéticos a priori?"

Este problema se plantea, según Kant, en tres campos -la matemática, la física y la metafísica- y las tres divisiones principales de la primera parte de la CRÍTICA tratan respectivamente de ellos.

En la Estética trascendental, Immanuel Kant argumentó que las matemáticas tratan necesariamente del espacio y del tiempo y, a continuación, afirmó que ambas son formas a priori de la sensibilidad humana que condicionan todo lo que se aprecia a través de los sentidos.

En la Analítica trascendental, la parte más crucial y difícil del libro, Kant sostuvo que la física es a priori y sintética porque en su ordenación de la experiencia utiliza conceptos de un tipo especial. Estos conceptos - "categorías", los llamaba- no se leen de la experiencia, sino que se leen en ella y, por tanto, son a priori, o puros, en contraposición a los empíricos. Pero difieren de los conceptos empíricos en algo más que en su origen: todo su papel en el conocimiento es diferente.

Porque, mientras que los conceptos empíricos sirven para correlacionar experiencias particulares y así poner de manifiesto de forma detallada cómo se ordena la experiencia, las categorías tienen la función de prescribir la forma general que debe adoptar este orden detallado.

Pertenecen, por así decirlo, al marco mismo del conocimiento. Pero aunque son indispensables para el conocimiento objetivo, el único conocimiento que pueden producir las categorías es el de los objetos de la experiencia posible; sólo producen un conocimiento válido y real cuando ordenan lo que se da a través del sentido en el espacio y el tiempo.

En la Dialéctica trascendental, Immanuel Kant pasó a considerar los juicios sintéticos a priori en la metafísica. Aquí, según él, la situación es justamente la inversa de lo que ocurre en las matemáticas y la física. La metafísica se separa de la experiencia de los sentidos al intentar ir más allá de ella y, por esta misma razón, no consigue un único y verdadero juicio sintético a priori.

Para justificar esta afirmación, Kant analizó el uso que la metafísica hace del concepto de lo incondicionado. La razón, según Kant, busca lo incondicionado o absoluto en tres ámbitos distintos: (1) en la psicología filosófica, busca un sujeto absoluto de conocimiento; (2) en la esfera de la cosmología, busca un principio absoluto de las cosas en el tiempo, un límite absoluto de las mismas en el espacio y un límite absoluto de su divisibilidad; y (3) en la esfera de la teología, busca una condición absoluta para todas las cosas.

En cada caso, Immanuel Kant pretendía mostrar que el intento está condenado al fracaso al conducir a una antinomia en la que pueden darse razones igualmente buenas tanto para la posición afirmativa como para la negativa. Las "ciencias" metafísicas de la psicología racional, la cosmología racional y la teología natural, conocidas por Kant a partir del texto de Baumgarten, sobre el que tuvo que comentar en sus conferencias, resultan así carentes de fundamento.

Con esta obra, Immanuel Kant afirmó con orgullo que había realizado una revolución copernicana en la filosofía. Al igual que el fundador de la astronomía moderna, Nicolás Copérnico, había explicado los movimientos aparentes de los astros atribuyéndolos en parte al movimiento de los observadores, Kant había dado cuenta de la aplicación de los principios a priori de la mente a los objetos demostrando que los objetos se ajustan a la mente: al saber, no es la mente la que se ajusta a las cosas, sino las cosas las que se ajustan a la mente.

Debido a la insistencia de Kant en la necesidad de un componente empírico en el conocimiento y a su antipatía por la metafísica especulativa, a veces se presenta a Kant como un positivista antes de su tiempo, y su ataque a la metafísica fue considerado por muchos en su propia época como el que hizo caer tanto la religión como la moral.

Sin embargo, tal era ciertamente lejos de la intención de Kant. No sólo se propuso poner la metafísica "en el camino seguro de la ciencia", sino que también estaba dispuesto a decir que creía "inevitablemente" en la existencia de Dios y en una vida futura. También es cierto que la concepción original de su filosofía crítica anticipaba la preparación de una crítica de la filosofía moral.

La KRITIK DER PRAKTISCHEN VERNUNFT (1788, deletreada CRITIK y PRACTISCHEN; CRÍTICA DE LA RAZÓN PRÁCTICA), resultado de esta intención, es el libro de referencia para sus doctrinas éticas. El anterior GRUNDLEGUNG ZUR METAPHYSIK DER SITTEN (1785; FUNDAMENTOS DE LA METAFÍSICA DE LA MORAL) es un tratamiento más breve y, a pesar de su título, más fácilmente comprensible del mismo tema general.

Ambas se diferencian de DIE METAPHYSIK DER SITTEN (1797; LA METAFÍSICA DE LA MORAL) en que se ocupan de la ética pura y tratan de dilucidar los principios básicos; la obra posterior, en cambio, se ocupa de aplicar estos principios en lo concreto, proceso que implicó la consideración de las virtudes y los vicios y los fundamentos del derecho y la política.

Hay muchos puntos de similitud entre la ética de Kant y su epistemología, o teoría del conocimiento. Utilizó el mismo andamiaje para ambas -una Doctrina de los Elementos, que incluye una Analítica y una Dialéctica, seguidas de una Metodología-, pero la segunda CRÍTICA es mucho más corta y mucho menos complicada.

Así como la distinción entre el sentido y la inteligencia era fundamental para el primero, también lo es para el segundo la distinción entre las inclinaciones y la razón moral. Y así como la naturaleza de la situación cognoscitiva humana fue dilucidada en la primera CRÍTICA por referencia a la noción hipotética de un entendimiento intuitivo, la de la situación moral humana se aclara por referencia a la noción de una "voluntad santa". Para una voluntad de este tipo no habría distinción entre la razón y la inclinación; un ser poseído por una voluntad santa actuaría siempre como debe.

Sin embargo, no tendría los conceptos de deber y obligación moral, que sólo entran cuando la razón y el deseo se oponen. En el caso de los seres humanos, la oposición es continua, ya que los humanos son al mismo tiempo carne y espíritu; es aquí donde la influencia de los antecedentes religiosos de Immanuel Kant es más prominente.

Por lo tanto, la vida moral es una lucha continua en la que la moralidad se presenta al delincuente potencial en forma de una ley que exige ser obedecida por sí misma; una ley, sin embargo, cuyos mandatos no son emitidos por una autoridad ajena, sino que representan la voz de la razón, que el sujeto moral puede reconocer como propia.

En la Dialéctica, Immanuel Kant retomó las ideas de Dios, la libertad y la inmortalidad. Tras haberlas descartado en la primera CRÍTICA como objetos que nunca pueden ser conocidos porque trascienden la experiencia sensorial humana, ahora argumentó que son postulados esenciales para la vida moral. Aunque no son alcanzables en la metafísica, son absolutamente esenciales para la filosofía moral.

A menudo se describe a Immanuel Kant como un racionalista ético, y la descripción no es del todo inapropiada. Sin embargo, nunca abrazó el racionalismo radical de algunos de sus contemporáneos ni de filósofos más recientes para los que la razón se considera que tiene una visión directa de un mundo de valores o el poder de intuir la rectitud de este o aquel principio moral.

Así, la razón práctica, al igual que la teórica, era para él más formal que material, un marco de principios formativos más que un contenido de reglas reales. Por eso puso tanto énfasis en su primera formulación del imperativo categórico: "Actúa sólo con aquella máxima por la que puedas al mismo tiempo querer que se convierta en una ley universal".

(Immanuel Kant contrapuso el imperativo categórico, que se aplica de forma absoluta o incondicional, a los imperativos hipotéticos, que sólo son válidos en presencia de algún deseo u objetivo ulterior; por ejemplo, "Si quieres ser bien visto, no mientas"). Al carecer de una visión del ámbito moral, los seres humanos sólo pueden preguntarse si lo que se proponen hacer tiene el carácter formal de la ley, es decir, el carácter de ser igual para todas las personas en circunstancias similares.

La KRITIK DER URTEILSKRAFT (1790, deletreada CRÍTICA; CRÍTICA DEL JUICIO) -uno de los más originales e instructivos de todos los escritos de Kant- no estaba prevista en su concepción original de la filosofía crítica. Por ello, quizá sea mejor considerarla como una serie de apéndices a las otras dos CRÍTICAS. La obra se divide en dos partes principales, denominadas respectivamente Crítica del juicio estético y Crítica del juicio teleológico.

En el primero de ellos, después de una introducción en la que discute la "finalidad lógica", analiza la noción de "finalidad estética" en los juicios que atribuyen belleza a algo. Según él, a diferencia de la mera expresión del gusto, un juicio de este tipo tiene validez general, pero no puede decirse que sea cognitivo porque se basa en el sentimiento, no en el argumento.

La explicación radica en que, cuando una persona contempla un objeto y lo encuentra bello, existe una cierta armonía entre su imaginación y su entendimiento, de la que es consciente por el deleite inmediato que siente por el objeto. La imaginación capta el objeto y, sin embargo, no se limita a ningún concepto definido, mientras que la persona imputa el deleite que siente a otros porque surge del libre juego de sus facultades cognitivas, que son las mismas en todos los humanos.

En la segunda parte, Immanuel Kant se dedicó a considerar la teleología en la naturaleza tal y como la plantea la existencia en los cuerpos orgánicos de cosas cuyas partes son recíprocamente medios y fines para las demás. Al tratar de estos cuerpos, uno no puede contentarse con principios meramente mecánicos.

Sin embargo, si se abandona el mecanismo y se toma al pie de la letra la noción de propósito o fin de la naturaleza, esto parece implicar que las cosas a las que se aplica deben ser obra de algún diseñador sobrenatural, pero esto significaría pasar de lo sensible a lo suprasensible, paso que se demostró imposible en la primera CRÍTICA.

Immanuel Kant respondió a la objeción admitiendo que el lenguaje teleológico no puede evitarse al tener en cuenta los fenómenos naturales, pero debe entenderse que sólo significa que los organismos deben ser considerados "como si" fueran el producto de un diseño, y eso no es en absoluto lo mismo que decir que son producidos deliberadamente.

La filosofía crítica pronto se enseñó en todas las universidades importantes de habla alemana, y los jóvenes acudían a Königsberg como santuario de la filosofía. En algunos casos, el gobierno prusiano incluso asumió los gastos de su manutención.

Immanuel Kant llegó a ser consultado como un oráculo en todo tipo de cuestiones, incluyendo temas como la legalidad de la vacunación. Estos homenajes no interrumpieron los hábitos habituales de Kant. Con apenas un metro y medio de altura, un pecho deformado y una salud débil, mantuvo durante toda su vida un régimen severo.

Se organizaba con tal regularidad que la gente ponía sus relojes en función del paseo diario de Immanuel Kant por la calle que lleva su nombre, "El Paseo del Filósofo". Hasta que la vejez se lo impidió, se dice que sólo faltó a esta regularidad en la ocasión en que el ÉMILE de Rousseau le absorbió tanto que durante varios días se quedó en casa.

A partir de 1790 la salud de Kant empezó a decaer gravemente. Todavía tenía muchos proyectos literarios, pero le resultaba imposible escribir más que unas pocas horas al día. Los escritos que completó entonces consisten en parte en una elaboración de temas no tratados anteriormente con detalle, en parte en respuestas a críticas y en la aclaración de malentendidos.

Con la publicación en 1793 de su obra DIE RELIGION INNERHALB DER GRENZEN DER BLOSSEN VERNUNFT (LA RELIGIÓN DENTRO DE LOS LÍMITES DE LA SOLA RAZÓN), Kant se vio envuelto en una disputa con las autoridades prusianas sobre el derecho a expresar opiniones religiosas. El libro fue considerado demasiado racionalista para el gusto ortodoxo.

Immanuel Kant fue acusado de utilizar su filosofía para "distorsionar y depreciar muchas doctrinas principales y fundamentales de las Sagradas Escrituras y del cristianismo" y el gobierno le exigió que no diera más conferencias ni escribiera nada sobre temas religiosos. Kant aceptó, pero en privado interpretó la prohibición como una promesa personal al rey, Federico Guillermo II, de la que se sintió liberado a la muerte de éste en 1797.

En cualquier caso, Immanuel Kant volvió a tratar el tema prohibido en su último gran ensayo, "Der Streit der Fakultäten" (1798; "El conflicto de las facultades").

En 1797, Immanuel Kant publicó DIE METAPHYSIK DER SITTEN (La METAFÍSICA DE LA MORAL), que comprende METAPHYSISCHE ANFANGSGRÜNDE DER RECHTSLEHRE (La FILOSOFÍA DEL DERECHO) y METAPHYSISCHE ANFANGSGRÜNDE DER TUGENDLEHRE (LA DOCTRINA DE LA VIRTUD).

El primero fue la principal declaración de su filosofía política, que también trató en ZUM EWIGEN FRIEDEN (1795; PROYECTO PARA UNA PAZ PERPETUA) y en el ensayo "Uber den Gemeinspruch: Das mag in der Theorie richtig sein, taugt aber nicht für die Praxis" (1793; "Sobre la vieja sierra: eso puede ser correcto en teoría, pero no funcionará en la práctica").

La gran obra en la que trabajó hasta su muerte -cuyos fragmentos llenan los dos últimos volúmenes de la gran edición berlinesa de sus obras- pretendía evidentemente ser una contribución importante a su filosofía crítica. Sin embargo, lo que queda no es tanto una obra inacabada como una serie de apuntes para una obra que nunca se escribió.

Conocido como OPUS POSTUMUM, su título original era Übergang VON DEN METAPHYSISCHE ANFANGSGRÜNDE DER NATURWISSENSCHAFT ZUR PHYSIK ("Transición de los fundamentos metafísicos de la ciencia natural a la física").

Es posible que la intención de Kant en esta obra sea la de llevar adelante el argumento expuesto en METAPHYSISCHE ANFANGSGRÜNDE DER

NATURWISSENSCHAFT (1786; FUNDAMENTOS METAFÍSICOS DE LA CIENCIA NATURAL), mostrando que es posible construir a priori no sólo el esquema general de una ciencia de la naturaleza, sino también muchos de sus detalles.

Pero a juzgar por los fragmentos existentes, por muy numerosos que sean, sigue siendo conjetural si su finalización habría constituido una adición importante a su filosofía y a su reputación.

La muerte de Immanuel Kant

Tras un declive gradual, doloroso tanto para sus amigos como para él mismo, Immanuel Kant murió en Königsberg el 12 de febrero de 1804. Sus últimas palabras fueron "Es ist gut" ("Es bueno").

En la tumba de Kant en la catedral se inscribieron las palabras (en alemán) "Los cielos estrellados sobre mí y la ley moral dentro de mí", las dos cosas que declaró en la conclusión de la segunda CRÍTICA "llenan la mente con una admiración y un asombro siempre nuevos y crecientes, cuanto más a menudo y más firmemente reflexionamos sobre ellos".

Tumba de Kant en Kaliningrado, Rusia

CPSIA information can be obtained
at www.ICGtesting.com
Printed in the USA
BVHW041355030921
615987BV00014B/244

9 789493 261273